SEC NDE AUX RADICAUX

LES

FAUX RÉPUBLICAINS

PAR

L'Auteur de LA 1ʳᵉ AUX RADICAUX

LIBRAIRIE A. NORMAND

RUE DES SAINTS-PÈRES

PARIS

Afin d'activer le zèle pour la propagande de cette Bibliothèque populaire et sociale, qui, plus elle se répandra, plus elle fera du bien l'éditeur se permet de signaler quelques fait caractéristiques et historiques.

1er **Fait** : « Un monsieur se présente à la « librairie et demande en riant la *Première aux* « *Radicaux* pour voir ce que l'on peut dire de « ces pauvres gens. Une heure après, il se « représente et demande la suite de cette « Bibliothèque, on lui donne alors *Nobles et* « *Paysans*. Enfin, sur les quatre heures, on « revient encore, et cette fois on demande plu-« sieurs exemplaires pour les faire lire à des « amis. »

2e **Fait** : « Les journaux radicaux de Paris « reçoivent la brochure à l'examen. Qu'arrive-« t-il ? Quels cris va-t-on entendre ? Rien... le « plus grand silence ! ! ! Un seul, oui, un seul, « en parle ; mais, ne pouvant rien répondre aux « vérités qu'on lui adresse, *il se contente de* « *critiquer la propagande que catholiques et* « *conservateurs vont faire de cette Biblio-* « *thèque.* »

3e **Fait** : « Le matin, Paris voit afficher une « adresse aux ouvriers, reclamant, de leur jus-« tice et loyauté, de vouloir bien lire ce que « *produit la Bibliothèque populaire et sociale,* « afin de juger *qui trompe le peuple.* Qu'arrive-« t-il ? C'est que des exaltés ne font ni une ni « deux, les uns écrivent des grossièretés sur « ces affiches et d'autres les déchirent. »

Enfin, plus de 10,000 brochures ont été répandues dans les quartiers excentriques de Paris, et l'on peut assurer que si les catholiques ne se découragent pas et continuent cette propagande, *beaucoup de bien se fera.*

Comme on le voit, le coup a porté et portera encore plus avec celle de ce jour et celles qui suivront,

SECONDE AUX RADICAUX

LES

AUX RÉPUBLICAINS

A. NORMAND

11, RUE DES SAINTS-PÈRES, 11

PARIS

LES

FAUX RÉPUBLICAINS

Dieu, dit l'Écriture, a livré le monde aux disputes des docteurs. Les hommes ont toujours largement usé de cette permission. Il y a des disputes qui durent depuis des siècles, et dont on ne peut prévoir la fin. En scolastique il y eut les réalistes et les nominalistes, en théologie les jansénistes et les molinistes, en phi-

losophie les spiritualistes et les matérialistes, en peinture les coloristes et
les dessinateurs, en littérature les
classiques et les romantiques, en
économie politique les libres échan-
gistes et les protectionnistes, et en
science les positivistes et les méta-
physiciens.

La civilisation, ou la société (peu
importe le nom qu'on donne à notre
état social), a pu, sans péril, assister
aux disputes des philosophes, des
théologiens et des savants qui ne la
mettaient pas en question, mais il
ne saurait en être ainsi des disputes
politiques.

En effet, à quel spectacle assis-
tons-nous en ce moment ? Il y a en
politique deux écoles en présence :
l'une qui, s'appuyant sur le droit,

la raison, la logique et la justice, défend les principes avec lesquels nous nous sommes civilisés ; puis une autre école qui bat aveuglément en brèche tous ces principes et qui ose décorer du nom de progrès ce retour certain à l'état sauvage et préhistorique, qui serait la conséquence fatale du triomphe de ses doctrines. Car on peut affirmer que si le radicalisme l'emportait, la société n'existerait plus. La nation, minée par le fédéralisme, se dissoudrait, la famille disparaîtrait, le mariage serait aboli, nous n'aurions plus des enfants, nous ferions des petits qui, n'étant plus baptisés, ne porteraient plus de noms, mais des numéros comme les fiacres. Par cette épouvantable anarchie, cette France militaire et chrétienne, que Marie Leckzinsca appelait le plus beau royaume, après le royaume des cieux, tomberait plus bas que les Mormons.

Les hommes qui défendent les principes constitutifs de la civilisation et indispensables à son maintien, sont par leurs adversaires dédaigneusement traités de réactionnaires et d'égoïstes. On travestit leurs intentions, et, dans l'entraînement de la dispute, on est allé jusqu'à les menacer de représailles fixées au jour où ces Érostrates en délire procéderont à ce qu'ils appellent la *liquidation générale*. Ces menaces, formulées dans certains manifestes, ont mis en quelque sorte les hommes sages et honnêtes dans le cas de défensé légitime et leur ont rappelé cette parole prophétique de Royer-Collard disant : « qu'à un jour donné, il ne serait plus permis de ne pas s'occuper de politique, par la raison que la politique en arriverait à s'occuper de nous. » Les temps prédits sont donc arrivés, pour forcer les indifférents et les neutres à sortir de l'inaction et à se grouper et à s'unir afin d'opposer la raison, le droit et la justice à l'invasion de ces funestes erreurs.

Mais avant que d'aller plus loin et pour justifier pleinement l'ardeur de mes attaques, il importe de désigner bien clairement les adversaires égarés, auxquels s'adressent ces pages. Elles ne sont pas écrites contre ceux qu'on appelle, dans les discussions du jour, les républicains modérés. Ceux-là sont d'honnêtes gens qui ne veulent ni la mort ni la ruine du pécheur. Ils croient fermement à la supériorité de la forme républicaine, comme les royalistes, de leur côté, croient à la supériorité de la forme monarchique. Ces républicains modérés, qui ont autant horreur que les partisans de la monarchie, des doctrines absurdes et subversives professées par des fous ignorants, sont donc hors de cause. Selon eux, la république, en tant que gouvernement, doit être le règne de la loi et de la justice, et est parfaitement compatible avec le maintien rigoureux et absolu des grands principes religieux et sociaux.

Paix et respect à ces hommes de

bonne volonté. Mais, par contre, lutte acharnée avec ces esprits malades, orgueilleux ou ignorants, qui ont déclaré la guerre à la société, et qui espèrent, à l'aide de sophismes monstrueux, abaisser et détruire tout ce qui est grand, noble, juste, et le remplacer par les plus dangereuses, les plus impudentes et les plus pernicieuses erreurs.

Ils travaillent depuis longtemps à cette œuvre diabolique, encouragés tout à la fois par la faiblesse des gouvernements, et par la facilité avec laquelle certaines révolutions inutiles ont pu s'accomplir. Il ne s'agit que de les observer pour deviner qu'ils n'ont qu'un seul but, anéantir ce qui est, et s'emparer de la place. Il ne faudrait point voir en eux des libérateurs aimant leur pays et leurs semblables, et prêts à se sacrifier pour rendre leur sort meilleur. La passion qui ennoblit même ceux qui s'égarent, est pour eux une chose inconnue, qu'ils ont remplacée par des appétits. Ce qu'ils veulent, c'est l'argent de notre bourse, le pain de notre huche, la femme de notre lit. C'est dans un incommensurable orgueil qu'ils puisent la force de jouer ce rôle et de parodier platement Satan.

Ils nous ont offert des exemples qui doivent être des enseignements, et qui nous donnent une idée de ce qu'il adviendrait si, par malheur, la France tombait en leurs mains redoutables. Nous avons vu à l'œuvre l'élite de ce parti que le grand Corneille, avec sa violence et son âpreté, appellerait encore « *le tas d'hommes perdus de dettes et de crimes.* » Pendant deux mois, sous la Commune, ils ont été les maîtres de Paris, et se sont assemblés à l'Hôtel de ville qu'ils ne devaient brûler que plus tard. Il y a un journal officiel qui a enregistré les idées qu'échangeaient, dans leurs séances quotidiennes, ces sauveurs de peuple, ces libérateurs méconnus et contestés. Jamais, pendant soixante jours, il ne fut dit dans cette assemblée une parole de bon sens. Aucun, parmi ces tribuns, ne put formuler une proposition acceptable, dénotant, de la part de son auteur, un semblant de bienveillance, de fraternité, ou de raison. L'Hôtel de ville, c'était la tour de

Babel, avec la confusion non pas seulement des langues, mais des idées les plus élémentaires. Cédant à la force et au droit, ils ne quittaient la place qu'après avoir incendié Paris sous les yeux des Prussiens ravis, qui voyaient en eux les continuateurs de leur œuvre inachevée.

Quelques-uns moururent pour leurs idées. Il faut souhaiter paix à leurs cendres. Mais plusieurs chefs prirent lestement la fuite, emportant des ressources, et laissant les comparses, qu'ils avaient excités à la révolte, expier leurs erreurs et payer de la vie et de la liberté la faiblesse qu'ils avaient eue de les suivre dans leurs débordements.

L'histoire, que Voltaire a justement appelée une tragédie sanglante et cruelle, mentionne dans ses annales certaines causes nobles, justes et grandes qui durent succomber sous les coups des plus iniques vainqueurs.

Victrix causa diis placuit, sed victa Catoni.

Mais qui oserait prétendre qu'en étouffant la Commune, on a anéanti dans son germe une idée généreuse quelconque, un progrès ou une vérité bafouée ou méconnue ? En soumettant ces révoltés, la société, forte de son droit, se faisait justice et revendiquait la légitime réparation due à sa majestée offensée. L'armée, en plantant le drapeau de la France sur Paris reconquis, personnifiait la civilisation écrasant Attila.

Mais qu'étaient les fanatiques exaltés qui organisèrent la Commune ? La question peut paraître naïve. Je demande la permission de prouver qu'elle ne l'est pas du tout. Ce n'étaient pas des républicains, car, à ce moment-là, la France était déjà en république. Admettant que les chefs de l'insurrection eussent des doutes sur les résolutions de l'Assemblée nationale, ils n'avaient alors qu'une résolution à prendre, à Paris, derrière les barricades, gardées par leurs partisans, qu'à dessein je persisterai à appeler leurs comparses, celle d'affermir la république. On eût, à la rigueur, compris cette affirmation. Pourquoi alors proclamer la Commune ? Espéraient-ils que Paris, se séparant de la France, resterait la Commune, au milieu de la

nation devenue soit la république
française, soit la monarchie française? Mais c'était faire acte de fédéralisme et briser cette unité française si chère à Robespierre, qui
celui-là avait voulu que la république fût *une et indivisible.* Si
Robespierre fût ressuscité, il aurait
donc, dès le premier jour, désa-
voué ceux qui se disent les continuateurs de l'œuvre vague, indéfi-
nie et incompréhensible qu'il avait
tentée, ainsi qu'on va le prouver
tout à l'heure.

Jamais, et pour cause, les hommes qui ont fait la Commune n'ont
consenti à expliquer leur intention,
ayant sans doute compté qu'on don-
nerait pour cause à cette obscurité,
le trouble, la confusion et le désor-

dre qui régnaient à ce moment-là. C'est, on en conviendra, une lacune par trop grande dans le programme de la Révolution. M. Victor Hugo, qui s'en était aperçu, reconnut qu'il importait de la combler. Aussi, son premier soin, en prenant la parole au Sénat, au sujet de l'amnistie, fut-il d'aborder cette question délicate.

Voici textuellement, empruntées au compte rendu *inextenso* du *Moniteur universel*, les explications données par M. Victor Hugo dans la séance du Sénat du lundi 22 mai 1876.

Paris, après un sinistre assaut de cinq mois, avait cette fièvre redoutable que les hommes de guerre appellent la « fièvre obsidionale. » Paris, cet admi-

rable Paris, sortait d'un long siége, stoï-
quement soutenu ; il avait souffert la
faim, le froid, l'emprisonnement, car une
ville assiégée est une ville en prison ; il
avait subi la bataille de tous les jours, le
bombardement, la mitraille ; mais il avait
sauvé, non la France, mais ce qui est
plus encore peut-être, l'honneur de la
France (Approbation à gauche) ; il était
saignant et content. L'ennemi pouvait
le faire saigner, des Français seuls pouvaient le blesser ; on le blessa. On lui
retira le titre de capitale de la France ;
Paris ne fut plus la capitale..... qué du
monde..... Alors la première des villes
voulut être au moins l'égale du dernier
des hameaux ; Paris voulut être une
commune. (Murmures à droite.) De là
une colère ; de là un conflit. Ne croyez
pas que je cherche ici à rien atténuer.
Oui, — et je n'ai pas attendu à aujour-
d'hui pour le dire, — entendez-vous
bien, — oui ' assinat des généraux
Lecomte e Clément Thomas est un

crime comme l'assassinat de Baudin et de Dussoubs est un crime ; oui, l'incendie des Tuileries et de l'Hôtel de ville est un crime, comme la démolition de la salle de l'Assemblée nationale est un crime ; oui, le massacre des otages est un crime, comme le massacre des passants sur le boulevard est un crime.

Et plus loin, M. Victor Hugo reprend :

Je me mets en face de la justice. Évidemment, pour les mêmes délits, la justice aura été la même ; ou, si elle a été inégale dans ses arrêts, elle aura considéré, d'un côté, qu'une population qui vient d'être héroïque devant l'ennemi, devait s'attendre à quelque ménagement, qu'après tout, les crimes à punir étaient le fait, non du peuple de Paris, mais de quelques hommes, et qu'enfin, si l'on examinait la cause même du con-

flit, Paris avait, certes, droit à l'autono-
mie, de même qu'Athènes, qui s'est
appelée l'Acropole, de même que Rome,
qui s'est appelée Urbs, de même que
Londres qui s'appelle la Cité.

Sans manquer au respect que tous
ceux qui tiennent une plume doivent au génie de M. Victor Hugo,
il sera permis de protester contre ses
propres paroles, et de lui prouver
que ses raisons sont inacceptables.

D'abord, il ne fut jamais question,
le 18 mars 1871, d'enlever à Paris
son titre de capitale. Le fait de trans-
porter à Versailles le siége du gouvernement, ainsi que l'avait décidé
l'Assemblée nationale, ne mettait
dans l'esprit de personne ce titre en
question. L'Assemblée ne pouvait se
réunir ni délibérer librement, dans

une ville au pouvoir d'une insurrection victorieuse, blâmée par la France entière qui refusait de s'y associer. Les insurgés, proclamant la Commune, voulaient rompre avec une république qui ne répondait déjà plus à leurs espérances, ils croyaient donner le signal général de la révolte, et, par des adhésions attendues de la province, pouvoir proclamer la déchéance de l'Assemblée légale issue du suffrage universel, et s'emparer de la dictature. Voilà quel était le but des tribuns réunis à l'Hôtel de ville le jour de ces saturnales. Il faut, on en conviendra, s'armer d'une bien forte dose de candeur pour perdre de vue cette inqualifiable outrecuidance, et insinuer que les énergumènes dont était composé le gouvernement insurrectionnel poussaient la modestie jusqu'à ne réclamer pour Paris que la simple qualification de *Commune*. Il n'est point permis, quand il s'agit de qualifier un fait d'histoire d'une telle gravité, de transformer une affreuse tragédie en une innocente pastorale.

M. Victor Hugo n'a pas été plus heureux quand il a voulu expliquer l'épithète de commune donnée à Paris. Le mot *urbs*, qui signifie ville, n'a jamais été le nom propre de Rome. La cité de Londres, est la *cité*, une partie de la ville, et ne personnifie pas tout Londres. Quant à Athènes, elle ne s'est jamais appelée *l'acropole*. L'étymologie de ce mot *acropole* indique qu'on désignait par là, non pas la capitale de l'Attique, mais simplement ce monticule, cette partie haute de la ville où étaient situés les *Propylées*, le Parthénon, le temple de la Victoire Aptère.

Après comme avant les explications de M. Victor Hugo, cette qualification de commune, donnée par les chefs de l'insurrection du 18 mars 1871 à la ville de Paris, reste confuse et incompréhensible. Sur ce point comme sur tous les autres, les radicaux, qui prétendent gouverner la France et la ramener à l'âge d'or, ne savent absolument ni ce qu'ils veulent ni ce qu'ils disent, et M. Victor Hugo aura dans cette circonstance perdu son grec et son latin sans les tirer d'embarras.

Mais ce ne sont là que des querelles

de mots, sur lesquelles je n'insisterais pas, si elles ne portaient point un grand enseignement.

J'ai dit que les radicaux n'avaient pas de programme politique, et qu'ils abusaient la foule avec certaines formules qui, depuis près de cent ans, sont les outils des révolutionnaires. Ces formules, ils les répètent à satiété parce que l'expérience leur a prouvé que leur inanité même en imposait aux comparses qui croient à leurs bienfaits fallacieux.

Il importe de remarquer en passant que cette phraséologie creuse et redondante constitue le style particulier de la Révolution. Les tribuns qui manient cette langue, parlent toujours au nom du peuple, qui ne leur a d'ailleurs jamais donné le moindre mandat. Mais il y a de la part de la foule ratification tacite, par l'excellente raison qu'on lui promet la cessation de ses maux, l'amélioration de son sort, et, comme on le dit vulgairement, des alouettes toutes rôties prêtes à lui tomber dans la bouche.

Une fois au pouvoir, on oubliera toutes ces promesses d'une réalisation impossible, mais on sera installé et gardé par les comparses qui ont applaudi à la chute du tyran renversé, jusqu'à ce que ces comparses désabusés abandonnent les imposteurs qui ont exploité leur crédulité. On pourrait croire que j'exagère. Les collections de journaux sont là pour prouver qu'on est encore allé plus loin. Ainsi en février 1848, deux jours après le renversement du paternel et pacifique Louis-Philippe, après qu'on eut épuisé la série des proclamations affirmant que le tyran déchu avait glissé dans le sang et dans la boue et cherché son salut dans la fuite, on abordait des questions moins graves, on descendait aux détails, et on écrivait sur les murs des phrases comme celles-ci :

« Les arts et les artistes sont libres. »

Il y avait des badauds pour applaudir à cette niaiserie qui, prise à la lettre, aurait pu faire croire que le Gouvernement avait fait périr dans les cachots des artistes promettant de devenir des émules de Raphaël, ou tout au moins infligé des tortures à Ingres, à Decamps et à Delacroix, amis intimes des princes et comblés de leurs bienfaits.

Mais il faut revenir à la question qu'il importe d'examiner sous toutes les faces, et qui consiste à prouver que les radicaux n'ont jamais pu trouver la moindre conception de gouvernement. M. Hugo lui-même, n'ayant pu expliquer ce qu'on entendait par la Commune, il n'y a pas lieu de s'étonner que les radicaux, qui lui sont infiniment inférieurs, et qui sont à sa grande personnalité ce que les Mirmidons étaient à Achille, en sachent encore moins, lorsqu'ils sont mis en demeure d'expliquer leurs théories ténébreuses et les chimères de leur cerveau.

Je demande la permission de m'étendre sur ce point capital. On verra qu'il cache la source intarissable de laquelle sont sortis les utopies et les leurres à l'aide desquels on parvient à égarer les esprits et à pervertir la raison.

Les radicaux sont les émules de Robespierre. Ils ont voulu reprendre toutes ses idées et toutes ses erreurs. Cette inféodation à ce stérile et dangereux rêveur a toujours été nuisible et fatale à ceux qui l'ont acceptée ou subie. Nous avons sous les yeux des exemples fameux de l'impuissance dont se sentent aussitôt frappés ceux qui ont eu la faiblesse de céder à cette tentation. Certes, personne ne peut mettre en doute la valeur intellectuelle et la parfaite bonne foi de l'honorable M. Louis Blanc. C'est un écrivain, un penseur et un orateur.

Malgré toutes ses éminentes qualités, pourquoi M. Louis Blanc n'a-t-il pu jamais faire triompher une de ses idées ? Pourquoi depuis vingt ans en est-il au même point, toujours embourbé dans le socialisme et dans ses projets d'organisation du travail? Parce qu'il s'est donné corps et âme à un système politique incompréhensible et irréalisable.

M. Louis Blanc, pour cacher tous les défauts de sa cuirasse, a fait un appel aux immenses ressources de son esprit, mais sans succès, et sans parer jamais les coups qui lui étaient portés. On l'a vu, à la tribune, cribler de ses épigrammes la royauté de *droit divin*, proclamer la toute-puissance du suffrage universel, puis placer la république au-dessus de ce suffrage universel, commettant d'un seul coup deux sophismes, consistant, le premier : à limiter la puissance du suffrage qu'il déclarait omnipotent, et le second : à créer la *république de droit divin*. Jean-Jacques Rousseau, auquel il a emprunté ces idées, exposées dans le premier livre du *Contrat social*, avait été bien plus sage que lui, en se bornant à dire que le pacte signé par une génération ne pouvait. engager les générations à venir. Dans la pensée de Rousseau, les enfants pouvaient transformer en république la monarchie que leur avaient léguée leurs pères, et *vice versâ*. Ce raisonnement était juste. M. Louis Blanc, en le forçant, a commis un sophisme dont il ne sortira qu'en brûlant tout ce qu'il a adoré. Mais il n'aura ni ce courage ni cette abnégation.

J'ai hâte d'aborder en face le créateur de cette détestable école politique, c'est-à-dire Robespierre. Cette idole a été, en ces derniers temps, renversée du piédestal sur lequel les niais et les rhéteurs l'avaient placée. Robespierre a été percé à jour et cette opération funeste à sa mémoire lui a fait perdre une grande partie de son prestige. Il faut citer au premier rang de ses critiques Edgar Quinet, qui, dans son livre de *la Révolution,* lui reproche, en termes éloquents et émus, ses inutiles cruautés, puis ensuite lui prouve qu'il n'a jamais su appliquer aucune de ses idées, par la raison facile à comprendre qu'il en était absolument dénué, et qu'il n'agita jamais que des projets chimériques. On n'est ni un libérateur ni un conducteur de peuple, parce qu'on substitue le mot *citoyen* au mot *monsieur*, parce que la *semaine* devient une *décade*, et le mois de *mai*, *Floréal*. Ce sont des détails puérils qui ne comptent pour rien dans le bonheur du genre humain. C'est pourtant à peu près tout ce que Robespierre réalisa.

Robespierre apparaît sous un jour nouveau dans la plupart des notices publiées en ces derniers temps, d'après des documents officiels conservés dans les archives. Un livre très-remarquable, intitulé: *la Révolution de Thermidor*, et qui a pour auteur

M. d'Héricault, contient des détails du plus grand intérêt sur ce personnage si étrangement défiguré. La période étudiée par M. d'Héricault est courte. Elle s'étend en réalité du mois de mars au mois de juillet 1794. C'est, si l'on veut, *la Chronique thermidorienne*. Il n'a pas suffi à l'auteur de raconter Robespierre, il a fait un effort considérable de réflexion pour l'expliquer.

Ainsi on se demande depuis quatre-vingts ans à quel concours de circonstances et à quelles qualités cet homme a dû sa prodigieuse fortune. Sa figure domine encore aujourd'hui la Révolution, comme le rocher de Gibraltar domine les deux mers qui se rejoignent à ses pieds.

Son extérieur n'avait rien d'attrayant. Thibeaudeau a décrit cette figure maigre, froide, avec son teint bilieux, son regard faux, ses manières sèches et affectées, son ton dogmatique et impérieux, son air fier et sardonique. Le caractère n'offrait pas plus de grandeur ni de charme. D'après le témoignage des contemporains, Robespierre était jaloux, orgueilleux, dur, opiniâtre, violent et lâche. Du moins était-il éloquent ? Pas davantage. Meillan affirme que sa parole n'était qu'un tissu de déclamations sans ordre, sans méthode, et surtout sans con-clusion. « Nous étions obligés, ajoute Meillan, chaque fois qu'il parlait, de lui demander à quoi il voulait en venir. Il se plaignait, il se lamentait, il gémissait sans cesse des malheurs de la patrie, et jamais il n'avait un remède à proposer. Il visait éternellement à la calomnie et ne cessait de calomnier. »

Et cependant, le personnage grandit, et il devint, au bout de quelque temps, le maître absolu de la France. On est en présence de l'énigme. Citons cette page où M. d'Héricault développe son hypothèse sur les causes de la fortune de Robespierre :

Je voudrais me faire bien comprendre, et je suis forcé de recourir à une image aussi compassée que si j'étais un de ses contemporains. Je compare donc la Révolution française à une éruption volcanique qui soulève brusquement une large portion de la terre. Le sol tremble, se crevasse ; là s'exhausse. Les habitants, surpris par ce tremblement de terre, se précipitent au hasard ou sur un lambeau du sol qui s'effondre, ou sur une parcelle qui reste immobile, ou bien sur un rocher qui se brise ou enfin sur un autre rocher qui, soulevé par la force intérieure, se dégage de la terre environnante et monte, monte jusqu'à dominer, pendant un moment, tout ce qui est à l'horizon. L'homme réfugié sur ce rocher partage cette élévation ; il domine tout ce qui l'entoure, sans autre mérite que de s'être accroché à cette pierre, destinée, par une force inconnue et au nom de lois peu précises, à s'élever au-dessus du reste. Tout au plus doit-on chercher si l'homme a pu pronostiquer, par l'espèce de la pierre, qu'elle résisterait mieux au choc ; s'il a eu des efforts vaillants à faire pour se maintenir sur le rocher et pour en précipiter tous ceux qui cherchaient à s'y accrocher, à son exemple.

Robespierre est cet homme-là. Sa grandeur vient de qu'il se plaça, dès le début, au milieu de ce sol accidenté, sur la partie du terrain que le volcan révolutionnaire devait surélever. Il eut le grand mérite de s'y camper solidement et de ne pas trop chercher à s'en éloigner, d'y revenir prestement et de s'y cramponner plus énergiquement encore, après une ou deux hésitations qui le tentaient de sauter sur une pierre voisine. Il eut surtout la science parfaite de ne jamais se lasser d'en précipiter tous ceux qui voulaient l'y rejoindre, et de n'admettre dans son voisinage que les humbles qui consentaient à rester tapis dans le bas.

M. d'Héricault, poursuivant son travail d'analyse, se demande quelle était en réalité sa conception politique.

Il m'a été impossible, dit-il, quelque soin que j'aie mis à lire ses discours et ses papiers, à interroger sa conduite, les paroles et les actions des hommes appelés à avoir sur lui quelque influence, de découvrir en lui une idée précise, ni une vue d'ensemble. Il paraît avoir toujours cru que les constitutions ne conviennent pas au peuple français. Tout ce qu'on peut saisir de son rêve, c'est la vision vague d'une égalité absolue de tous sous un chef absolu, dans une centralisation implacable. Cette alliance de la tyrannie et de l'égalité répond assez bien aux instincts de la démocratie française, aussi peu passionnée pour la liberté qu'amoureuse d'égalité, aussi envieuse que crédule.

Il voyait que tout devenait anarchie odieuse et ridicule, qu'on exterminait au hasard, que le pillage était effronté et le désordre sans limite. Or, il voulait qu'on massacrât tout autant et plus encore, mais non pas à l'aventure, pour satisfaire les vengeances ou les avidités particulières, vengeances et avidités qui attaquaient autant les sans-culottes que les aristocrates. Il voulait bien continuer de faire ce qui s'était fait jusqu'ici, mais là où les autres agissaient follement, furieusement, comme des ivrognes de guillotine, il voulait agir froidement, méthodiquement, comme un philosophe d'extermination.

On trouvera peut-être ce jugement sévère. C'est aux apologistes de Robespierre à le réfuter, et à prouver, tâche assez difficile, contre les témoignages des hommes qui furent ses rivaux ou ses complices, qu'il eut jamais un plan politique à réaliser. M. d'Héricault a fouillé les archives, lu tout ce qui a rapport à cette époque et n'a jamais trouvé rien de semblable.

On dirait que Robespierre a pris à

tâche de déconcerter et d'égarer ceux qui plus tard voudraient porter un jugement sur lui. Ainsi, à côté des cruautés que je viens de rappeler, il y a ses défaillances, *ses sentimentalités*, toutes empruntées à la *Nouvelle Héloïse*, à l'*Émile* et aux discours de Rousseau. Il ordonne des exécutions capitales et il s'attendrit sur la nature, récite des églogues, puis réforme la religion avec un calme, une candeur et une outrecuidance devant lesquels il est impossible de ne point rire de pitié ! Grisé par sa vanité et son orgueil, il croyait qu'on changeait de religion comme on change de système de poids et mesures.

A la Convention, la Montagne comprenait les Montagnards purs, qui s'inspiraient de Diderot et de d'Alembert, et qu'on nommait « les *scientifiques,* » ayant à leur tête Goujon, Romme, Cambon, Barère ; puis les Jacobins, comme Robespierre, Saint-Just, Couthon, partisans de *l'école sentimentale*. Robespierre, sans qu'on l'en eût chargé, fit un rapport sur les fêtes nationales devant remplacer les fêtes religieuses. La première sera celle de « l'Être suprême et de la nature, les autres seront consacrées aux passions qui ennoblissent l'homme, à l'amitié, à l'amour filial, à l'amour des époux. » Mais comme cette question ne regardait pas Robespierre, le *comité d'instruction,* qui voyait là un empiétement sur ses attributions, présenta à son tour un contre-projet inspiré de celui de

Robespierre, et dans un esprit tout différent (1). L'Être suprême a disparu, la première fête sera celle « de la Nature » et rien de plus. Un certain nombre de fêtes restent consacrées aux *nobles sentiments*, la dernière est celle « de *l'électricité !* » Il faut dire que l'influence de Robespierre l'emporta, et les membres du comité qui avaient biffé l'Être suprême furent obligés de le rétablir. Robespierre était déiste. Il faut lui reconnaître ce mérite, et il dut lutter contre certains esprits plus fous, plus égarés et plus fourvoyés que le sien, qui voulaient qu'on adorât l'Humanité

1. Convention nationale. — Projet de fêtes nationales par Mathieu, du comité d'instruction.

dans ses grands hommes, doctrine ridicule qui a trouvé plus tard un refuge dans de pauvres cervelles. A ce compte, comme Réaumur est un grand homme, voudrait-on par hasard l'adorer? Je le vois bien flotter dans mon bain sous forme de thermomètre, mais je ne puis le placer sur un autel, où en vérité il manquerait de prestige, alors même que des jardiniers inquiets viendraient le supplier de ne pas laisser geler leurs abricots.

Les radicaux purs me sauront gré de ce que je viens de rappeler. Ils pourront en effet invoquer ces souvenirs pour se faire absoudre du vide et de l'inanité de leurs doctrines politiques, qui nous conduiraient bientôt où les doctrines de leur apôtre conduisirent nos pères.

Mais l'absence de tout système politique n'est pas le seul point de ressemblance qu'ils aient avec celui dont ils prétendent continuer l'œuvre. Robespierre voulait anéantir le catholicisme, eux veulent en finir avec le Cléricalisme qui, c'est bien convenu, mais c'est moins prouvé, met la lumière sous le boisseau afin de maintenir les esprits dans les ténèbres. A les en croire, détruisez le cléricalisme, et vous verrez qu'aussitôt ils nous étonneront par des merveilles. Les abus disparaîtront, et les progrès surgiront de toute part. Mais ils oublient que l'expérience a été déjà tentée. Pendant les dernières années du dix-huitième siècle les églises étaient fermées. Les prêtres ne pouvaient gêner tous ces philanthropes

dans l'application de leurs concep-
tions sublimes. L'histoire est là pour
rappeler les horribles choses qu'il
fallut subir.

Toujours selon les radicaux, le Cléricalisme, ou le catholicisme, est
chargé d'iniquités que les âmes pu-
rent tolérer alors qu'elles étaient
asservies, mais qu'elles ne sauraient
endurer depuis qu'elles ont été éman-
cipées par la Révolution. Le cléricalisme s'est montré intolérant, cruel
et sanguinaire, et si on le laissait
faire il en reviendrait à l'inquisition.
Voilà ce qu'on répète à satiété à la
foule ignorante, en ajoutant qu'on en
veut finir avec de telles violences.

Est-ce que par hasard l'école révolutionnaire voudrait nous donner en
exemple la mansuétude et la douceur

des républicains et des réformateurs ?
Pour réfuter cette effronterie il ne
s'agit que d'ouvrir l'histoire. Qu'y
voyons-nous ? Athènes, la plus policée
des républiques, condamne froidement à mort Socrate, un sage accusé
de crimes imaginaires. L'hérésiarque
Calvin, qui contestait l'autorité du
pape de Rome, et qui se croyait lui-
même pape de Genève, fait brûler
sans hésiter Servet. En 92, 93 et 94
les révolutionnaires, ennemis d'un
tyran qui ne fut en réalité qu'un
martyr, se font tyrans eux-mêmes et
traînent par centaines des innocents
à l'échafaud. En 1871, pendant la
Commune, les tribuns assemblés à
l'Hôtel de ville font fusiller l'arche-
vêque de Paris, le président Bonjean
et de vénérables ecclésiastiques qu'ils

avaient pris pour otages, coutume barbare, féroce et sauvage empruntée à Alaric et à Genséric. Quand un parti a de tels excès sur la conscience, il n'a pas le droit de se proclamer plus humain et plus clément que les autres.

Comme le cléricalisme est un adversaire redoutable et dont ils ne triompheront pas facilement, les radicaux ont imaginé toute espèce de biais et de subtilités pour battre en brèche son incontestable autorité. Les matérialistes et les ennemis du surnaturel ont à ce propos accompli des prodiges de zèle et d'ardeur. Ils ne peuvent écrire ou parler sans aborder cette question. Ils feignent de chanter victoire, mais, au fond de leur allégresse, on discerne une vague inquiétude. Ainsi M. Challemel-Lacour, le 28 mai 1876, parlant dans une réunion tenue aux Arts et Métiers en présence des sociétaires des bibliothèques libres de Paris, développait cette thèse, que les idées se propagent en ce monde bien plus rapidement par la parole que par la lecture.

Je regarde, dit-il, quels sont, parmi les hommes, ceux qui ont exercé l'action la plus personnelle, la plus prolongée, la plus persistante, la plus indestructible : Socrate, Jésus-Christ, Mahomet ; ils n'ont rien écrit. Je cherche comment cette redoutable puissance du christianisme s'est établie et comment elle s'est maintenue : est-ce par le livre ? Non, c'est par la parole. Du haut de la chaire, des marches de l'autel, dans le secret du confessionnal, partout et toujours, elle parle, elle parle seule pendant des siècles, et c'est ainsi qu'elle règne.

Il y a du vrai dans cette appréciation. M. Challemel-Lacour est un lettré qui offre trop souvent l'occasion d'être combattu, mais qu'il ne faudrait point confondre avec les médiocrités du radicalisme. La mission qu'il s'est dévolue l'oblige à constater à tout propos le triomphe de ses idées. Je ne sais pas s'il est très-convaincu ; j'en doute, car pourquoi ajoute-t-il les lignes suivantes à ce qu'il vient de dire?

Et, à l'heure qu'il est, si la puissance du christianisme s'inquiète, si elle s'irrite, si elle tremble pour sa domination exclusive, c'est que d'autres voix s'élèvent à côté de la sienne, c'est que les langues se délient, c'est que la raison, c'est que la science ont, à leur tour, trouvé la parole.

Je supplie le lecteur de vouloir bien m'aider à faire justice de la perfidie qui se cache sous ces paroles. C'est le mot d'ordre du radicalisme de proclamer partout que le cléricalisme a pu exister avant que les sciences eussent fait certains progrès, mais que c'en est fait de lui, depuis que ces progrès ont été réalisés et les foules initiées aux vérités et aux certitudes qui s'en dégagent. C'est là un raisonnement spécieux et absolument faux qui, dès son origine, a fait merveille, et émaillé le monde d'insupportables docteurs tout infatués d'eux-mêmes, répétant lourdement en prose des impiétés que Parny avait mises en vers assez plats. On rencontre souvent ces plaisantins tout prêts à faire la leçon à Bossuet, qui s'il était là ne manquerait point de les comparer, tant la ressemblance est parfaite, à d'immondes infusoires voulant apprendre à des lions superbes comment on rugit.

Malgré le zèle avec lequel ces commis-voyageurs de l'incrédulité vont partout plaisanter les choses saintes, ils ne font pas de conversions. Ils se heurtent tantôt contre des esprits éclairés qui les réfutent de façon à ce qu'ils ne s'y frottent plus, tantôt contre des natures honnêtes, pourvues de cette foi robuste qu'on a appelée celle *du charbonnier*. Celles-là sont les plus nombreuses et les plus redoutables. Il n'est pas possible de les entamer. Elles préfèrent, et elles le disent tout haut, des mysticités qui les consolent quand elles

sont pauvres, vieilles et malades, à
des syllogismes arides et secs qui les
affligent. Elles ne croient pas descen-
dre des singes, et à ce Panthéon où
l'on n'entre que par la gloire, elles
préfèrent le paradis plein d'étoiles
où l'on arrive par l'humilité. Malgré
ces rebuffades, on n'en continue pas
moins la croisade. Jusqu'à présent
du moins on n'a pas encore pris Jé-
rusalem. La France est assez chrétienne pour résister à l'assaut qu'on
lui livre, et, qu'on le croie bien, elle
sortira victorieuse de la lutte.

Il y a trois quarts de siècle que
Chateaubriand, dans son *Génie du
christianisme,* avait prévu les subtilités de ceux qui rêvent d'anéantir
notre sainte religion. En 1789, c'était
la mode de déclamer contre le

christianisme. Les églises avaient été fermées, les prêtres persécutés. On chantait victoire, mais le bon sens reprit le dessus et mit à la raison les aboyeurs. Chateaubriand, que ces impiétés révoltaient, vint prouver que le christianisme ne défendait pas de penser.

De quelque côté, dit-il, qu'on envisage le culte évangélique, on voit qu'il agrandit la pensée et qu'il est propre à l'expansion des sentiments. Dans les sciences, ses dogmes ne s'opposent à aucune vérité naturelle ; sa doctrine ne défend aucune étude. Chez les anciens, un philosophe rencontrait toujours quelque divinité sur sa route ; il était, sous peine de mort ou d'exil, condamné par les prêtres d'Apollon ou de Jupiter à être absurde toute sa vie. Mais, comme le Dieu des chrétiens ne s'est pas logé à l'étroit dans un soleil, il a livré les astres aux vaines recherches des savants : *il a jeté le monde devant eux, comme une pâture pour leurs disputes.* Le physicien peut peser l'air dans son tube sans craindre d'offenser Junon. Ce n'est pas des éléments de notre corps, mais des vertus de notre âme, que le souverain Juge nous demandera compte un jour.

Nous savons qu'on ne manquera pas de rappeler quelques bulles du saint-siége, ou quelques décrets de la Sorbonne, qui condamnent telle ou telle découverte philosophique; mais aussi combien ne pourrait-on pas citer d'arrêts de la cour de Rome en faveur de ces mêmes découvertes? Qu'est-ce donc à dire, sinon que les prêtres, qui sont hommes comme nous, se sont montrés plus ou moins éclairés selon le cours naturel des siècles? Il suffit que le christianisme *lui-même* ne prononce rien contre les sciences pour que nous soyons fondé à soutenir notre première assertion.

Au reste, remarquons bien que l'Église a presque toujours protégé les arts, quoiqu'elle ait découragé quelquefois les études abstraites : en cela elle a montré sa sagesse accoutumée. Les hommes ont beau se tourmenter, ils n'entendront jamais rien à la nature, parce que ce ne sont pas eux qui ont dit à la mer : *Vous viendrez jusque-là, vous ne passerez pas plus loin, et vous briserez ici l'orgueil de vos flots.* Les systèmes succéderont aux systèmes, et la vérité restera toujours inconnue. *Que ne plaît-il un jour à la nature,* s'écrie Montaigne, *de nous ouvrir son sein ? O Dieu ! quel abus, quels mécomptes nous trouverions en notre pauvre science !*

Le défaut d'espace m'empêche de continuer ce passage du *Génie du christianisme,* dans lequel Chateaubriand a pris soin de grouper ce que Bacon, Pascal, Descartes, Newton,

Hobbes et Locke ont dit des sciences et de leur faillibilité. Hélas ! ces grands génies acceptaient les vérités enseignées par l'Église, et ne se croyaient point déshonorés pour cela. Jusqu'à preuve contraire, je persiste à considérer ces grands hommes comme au moins aussi éclairés que les petits impies qui se trémoussent à présent sous nos yeux. Entre leur témoignage et celui des libres penseurs j'ai la faiblesse de ne point hésiter, et d'admettre qu'en ces matières abstraites Newton et Descartes ont vu plus clair que Garibaldi. Il est vrai de faire remarquer que ces génies n'ont pu connaître les vues particulières de Robespierre sur la divinité, ce qui est tout à fait regrettable.

On sait que d'honorables savants
ont dans ces derniers temps débattu
l'importante question de la *génération spontanée*. On a prétendu que
cette théorie, qui contredisait un ver-
set de la Bible, avait été mise à l'index
par le clergé. C'est là une impudente
erreur. La génération spontanée est,
ou n'est pas. Si elle n'est pas, on
n'en parlera plus, et elle s'en ira se
perdre à jamais dans le vaste champ
des hypothèses et des conjectures.
Si elle est, c'est en vertu d'une loi
connue de Dieu, puisqu'il l'a faite, et
que les hommes n'avaient point soup-
çonnée jusqu'à présent. Il faudrait,
lorsqu'on aborde les questions de cet
ordre-là, se dépouiller de tout orgueil
et se bien pénétrer de cette vérité
éternelle, que l'homme n'invente

rien, et que ce qu'il appelle pompeusement *ses découvertes*, n'est en réalité que la compréhension des lois et des choses créées par Dieu, et contenues dans le grand livre de l'univers. Chateaubriand, que je viens de citer, avait dès le commencement de ce siècle proclamé cette vérité.

Si de ces sphères abstraites et élevées on se reporte aux questions secondaires et néanmoins importantes, on est tout de suite convaincu que de ce côté-là, pas plus que de l'autre, les radicaux n'ont d'idées raisonnables et pratiques. Ils poussent la négligence et l'incurie jusqu'à n'avoir même pas lu les *Décrets de l'avenir*, ce livre si original et si audacieux qui fait honneur à M. Émile de Girardin. Puisqu'ils manquent d'idées et de vues, ils en auraient trouvé dans cet ouvrage. Ils veulent joncher le sol de ruines, puis s'arrêtent là, et ne trouvent rien à mettre à la place; ce qui faisait dire si justement, l'autre jour, à un publiciste dont je regrette d'ignorer le nom :

En voyant les polémistes se lancer des flèches de papier et discuter sur des pointes d'aiguille, on se demande si les romanciers, comme Balzac et George Sand, n'ont pas fait preuve d'un sens politique bien autrement élevé et bien autrement utile aux masses que les chefs prétendus de la démocratie.

A quoi sert, par exemple, de déclamer contre les corporations religieuses, contre les sœurs des hospices, contre mille fondations, quand on est notoirement hors d'état de faire mieux que ceux que l'on condamne ? Les communautés catholiques et autres doivent l'influence dont elles disposent à l'entente qu'elles ont toujours eue des besoins des populations. Qu'on nous cite, par exemple, dans ces petites communes de 7 à 8,000 âmes, qui sont en majorité en France, un seul maire ayant installé une pharmacie, non point à l'usage des pauvres, mais à l'usage de l'habitant des campagnes, hors d'état de se procurer les médicaments les plus nécessaires que l'on vend à la ville si cher et dont la qualité est la plupart du temps inférieure ! Rien de tout cela n'existe. Le parti radical est à court d'idées.

Le temps nous paraît proche où cette absence de programme va frapper tous les yeux. Les radicaux seront mis en demeure de préciser ce qu'ils veulent. Il serait charitable de les prévenir que ceux qui les interrogeront ne considéreront pas comme une réponse cette liquidation sociale devant laquelle certains parmi eux ne reculeraient peut-être pas. Nous sommes civilisés, nous ne voulons pas revenir aux temps préhistoriques.

Est-ce à dire que nous vivions dans un état social parfait, et que toute réforme soit inutile? Un tel optimisme n'aveugle pas les esprits raisonnables. Il y a, et il y aura toujours beaucoup à faire, mais qu'on en soit fermement convaincu, ce n'est ni la destruction du cléricalisme, ni l'instruction exclusivement laïque, ni la séparation de l'Église et de l'État, ni l'impôt sur le capital qui réaliseraient les réformes désirables. Ce sont là autant de mots creux à l'aide desquels jusqu'à présent les tribuns ont pu se dispenser de s'expliquer. Cette monnaie a eu cours, mais c'est fini, ceux qui l'avaient acceptée ne s'en contenteront plus. Les foules désabusées crient : à bas les charlatans.

Par un mouvement instinctif et spontané, ces foules ont fait leur examen de conscience et reconnu que cette religion chrétienne, contre laquelle on fulmine et on déclame tant, était depuis des siècles l'ange gardien qui veillait auprès de tout ce qui est faible, malheureux et déshérité en ce monde. Que cette religion, au nom de la charité, pardonnait même à ceux qui voulaient l'anéantir, espérant dissiper leurs erreurs et les ramener à la vérité par les douces armes de la persuasion, jamais par la violence, répondant par des bienfaits aux injures dont on l'accable, et opposant aux ambitieux quelquefois lâches désertant le combat qu'ils avaient ordonné, la mort héroïque de ses archevêques, l'un tué sur les barricades avec son crucifix à la main, l'autre fusillé au pied d'un mur avec la prière sur les lèvres!

LIBRAIRES

CHEZ LESQUELS ON PEUT SE PROCURER
CETTE BIBLIOTHÈQUE POPULAIRE

Angoulême	M. GOUMARD.
Agen	M. ROCHE.
Angers	MM. BRIANT et HERVÉ.
Avranches	M. ANFRAY.
Argentan	M. LEFOYER.
Arras	M. VAN THOFF.
Autun	M. SIXDENIERS.
Amiens	M. SAUVÉ CANAPLE.
Avignon	M. ROUMANILLE.
Bourg	M. MARTIN-BOTTIER.
Blois	M. SEMEUR-LAPLAINE.
Bourges	M. TRIPAULT.
Besançon	M. MICHEL.
Brest	M. LEFOURNIER
Bordeaux	M. FÉRET.
Bar-le-Duc	M. MAILLARD
Beauvais	M. PRAQUIN-PRÉVOST.
Bayonne	M. LASSERRE.
Caen	Mlle VILLAIN.
Cahors	M. CALMETTE.
Clermont-Ferrand	M. BOUCARD.
Chambéry	M. PERRIN.
Castres	M. GRANIER.
Carcassonne	M. FONTAS.
Charleville	M. MAILLEFAIT PATER.
Dijon	M. MANIÈRE LOQUIN.
Evreux	M. HUET.
Foix	Mme Ve FRANCAL.
Grenoble	M. RAVANAT.
Lons-le-Saunier	M. ECALLE.
Lyon	Mme SELATAN.
Lille	M. BERGES.

Suite de la liste des libraires chez lesquels on peut se procurer cette bibliothèque populaire.

Laval	Mme Vᵉ LEPELTIER.
Limoges.	M. LEBLANC.
Montauban	M. BENAYS.
Mans.	M. CALAIS.
Marseille	Mme Vᵉ CAMOIN.
Montpellier	M. SÉGUIN.
Mende.	Mlle PÉCOUL.
Moulins.	M. GOURJON DULAC.
Nice.	M. PONS.
Niort	M. CLOUZOT.
Nîmes	M. BÉDOT.
Nevers.	M. GAMBIER.
Nancy.	M. THOMAS-PIERRON.
Nantes	M. LIBAROS.
Orléans	M. SÉJOURNÉ.
Poitiers	Mlle BONAMY.
Périgueux.	M. PETIT.
Perpignan.	M. LATROBE.
Rodez	M. de BROCA.
Rochelle (La)	M. PETIT.
Rennes.	M. VERDIÉR.
Reims	M. GIRET.
Rouen	M. MONTARGIS.
Saint-Quentin.	M. DAULE.
Sables	M. MAYEUX.
Sens.	M. PÉNARD.
Saint-Étienne.	M. PLANCHET.
Saint-Dizier.	M. BRIQUET.
Saint-Brieuc	M. PRUDHOMME.
Troyes.	M. LAMBERT.
Toulouse.	M. GARRIGUES.
Tours	M. CATTIER.
Toulon.	M CAUVIN.
Valence	M. FAVIER.
Vesoul.	Mlle BON.
Vannes.	M. GALLES.

PARIS, TYP. A. POUGIN, QUAI VOLTAIRE, 13 IV.10

DÉFENSES
DES INTÉRÊTS MATÉRIELS, MORAUX ET RELIGIEUX DES CAMPAGNES
Par M. l'Abbé Métivier
2 vol. in-32. — Prix : 1 fr. 50.

Les bons livres, les petits livres mis à la portée du peuple, manquent pour la propagande, entend-on dire quelquefois. Je répondrai volontiers que c'est plutôt le zèle à répandre ceux qui existent qui fait défaut. Celui que nous recommandons vivement aux catholiques et surtout aux ecclésiastiques de campagne en est une preuve après bien d'autres. Quel bien ne ferait-il pas, s'il était connu? Que de préjugés, d'idées fausses, de haines, ne dissiperait-il pas, s'il était lu par l'ouvrier, l'ouvrier des villes comme des campagnes! Par son entrain, ses exemples, ses à-propos, ses reparties vives, il intéressera vite, et en même temps, par sa très-simple et profonde philosophie, il fera aimer le bien, la vertu, la religion. Quelle aimable et utile lecture que celle de la quatrième étude : *Un fléau de l'agriculture; Le petit prêteur d'argent dans les campagnes...* et l'entretien sur les *Réformateurs démagogues...* et l'étude sur le *Petit colporteur des livres dans les villages...* On aimerait à tout citer. Il n'est pas possible cependant de passer sous silence le *Programme d'une école primaire de village.* Les ministres qui se cèdent si rapidement le portefeuille dit de l'instruction publique y trouveraient à méditer. Le vide dans la tête et dans le cœur des écoliers, tel est le résultat de leurs nombreux programmes, sans compter... les révolutions.

Après avoir parcouru ces deux petits volumes, on n'est pas étonné que Pie IX en ait félicité l'auteur par un bref élogieux et que plus de 50 cardinaux et évêques l'aient recommandé à tous ceux qui veulent contribuer au bien de l'Église et de la France.

COLLECTION
DE LA BIBLIOTHÈQUE POPULAIRE ET SOCIALE
A 25 CENTIMES

PREMIÈRE SÉRIE. — OUVRAGES PARUS :

1. *La Première aux Radicaux :* **LES CONSEILLERS MUNICIPAUX.**

2. *Nobles et Paysans :* **CE QUI DEVRAIT EXISTER.**

3. *La Deuxième aux Radicaux :* **LES FAUX RÉPUBLICAINS.**

DEUXIÈME SÉRIE. — A PARAITRE :

Plus d'Ignorantins. — L'Instruction laïque. — Le Syllabus et la Liberté. — Mansardes et Palais. — L'Ouvrier des cercles et l'Ouvrier radical, etc., etc.

CONDITIONS

1 Exempl., 25 c. par la poste.		0 fr. 30 c.	
100	—	20 francs	25 fr. »
200	—	36 francs	46 fr. »
500	—	80 francs	105 fr. »
1000	—	150 francs	200 fr. »

VOIR PAGES **63-64** *l'adresse des Libraires-Correspondants chez qui l'on peut se procurer les brochures de la Bibliothèque nationale.*

Paris. — Typ. A. Pougin, 13, quai Voltaire. [v. 1042.]